미래는 기다리는 것이 아니라,
질문으로 얻어내는 것입니다.

세상이 아무리 흔들려도
질문하는 당신은
흔들리지 않습니다.

Q

나는 나를
좋아하고 있는가?

내일의 나에게 해주고 싶은 말

(   )

오늘×기분

_____ 년 _____ 월 _____ 일

Q

지금 나에게
가장 필요한 사람은 누구인가?

내일의 나에게 해주고 싶은 말

(   )

행복을 부르는 주문을
만들 수 있다면?

내일의 나에게 해주고 싶은 말

(   )

𝕼

최근 타인에게 했던
가장 부끄러운 변명은?

내일의 나에게 해주고 싶은 말

(   )

𝕼

과거의 나에게
오늘의 내가 하고 싶은 말이 있다면?

내일의 나에게 해주고 싶은 말

(   )

오늘×기분

_____ 년 _____ 월 _____ 일

다시 태어난다면
가장 갖고 싶은 조건은?

내일의 나에게 해주고 싶은 말

(   )

오늘×기분

_____년 _____월 _____일

· ·

원하는 곳에서 살게 해준다면
어디에서 살고 싶은가?

내일의 나에게 해주고 싶은 말

(   )

나는 두려운가?
아니면 외로운가?

　　　나는 근사한 사실을 하나 알고 있다.

소위 말하는 배경, 스펙의 크기는
사실 두려움의 크기와 비례한다.
자기 삶의 태양을 본 사람은
타인의 촛불에 연연하지 않는다.

남을 따라 살지 않고
자신의 원칙대로 살면,
언젠가 나의 태양을 볼 날이
반드시 온다.

오늘×기분

_____ 넌 _____ 월 _____ 일

$$\mathbf{Q}$$

요즘 나에게 긍정적인 영향을 주는
사람은 누구인가? (혹은 물건, 콘텐츠 등)

내일의 나에게 해주고 싶은 말

( )

Ⅺ

요즘 나를 힘들게 하는
사람은 누구인가? (혹은 물건, 콘텐츠 등)

내일의 나에게 해주고 싶은 말

(   )

오늘×기분

_____년 _____월 _____일

. . . .

Q

사람들에게 어떤 사람으로
기억되고 싶은가?

내일의 나에게 해주고 싶은 말

(   )

오늘×기분

_____ 년 _____ 월 _____ 일

Q

오늘 하루 중
잊지 못할 순간을 하나 꼽는다면?

내일의 나에게 해주고 싶은 말

(   )

(   )만 생각하면
눈물이 난다.

내일의 나에게 해주고 싶은 말

(   )

오늘×기분

_____년 _____월 _____일

Q

부모님은
나에게 어떤 존재인가?

내일의 나에게 해주고 싶은 말

( )

℞

지금까지의 인생 중
가장 최고의 모험을 꼽는다면?

내일의 나에게 해주고 싶은 말

( )

무엇이든 단 하나를
죽는 날까지 유지하는 것은
어리석은 선택이다.

지극히 공들인 인생도
실패와 착오가 섞여 있다.
지혜로운 단독자로 살고 싶다면
옳은 것을 추구하며
끝없이 변해야 한다.

나이가 든다는 것은
변한다는 말과 같다.
변할 줄 아는 자가
가장 지혜로운 자다.

방향만 기억하며,
동시에 자신을 바꾸라.

오늘×기분

_____ 년 _____ 월 _____ 일

Q

다른 사람을 위해
진심으로 기도한 적이 있는가?

내일의 나에게 해주고 싶은 말

( )

오늘×기분

_____년 _____월 _____일

Q

사랑하는 사람에게
가장 만들어주고 싶은 요리는?

내일의 나에게 해주고 싶은 말

(   )

살면서 잃은 것 중 단 하나만
되찾을 수 있다면?

내일의 나에게 해주고 싶은 말

(   )

오늘×기분

_____년 _____월 _____일

Q

오늘 나와 함께 시간을 보낸
사람들은 행복했을까?

내일의 나에게 해주고 싶은 말

(   )

오늘×기분

_____ 년 _____ 월 _____ 일

Q

꽃을 아주 오랫동안
바라본 적이 있는가?

내일의 나에게 해주고 싶은 말

(   )

오늘×기분

_____ 년 _____ 월 _____ 일

우울한 날
내가 나를 위로하는 방법은?

내일의 나에게 해주고 싶은 말

(   )

오늘×기분

_____ 년 _____ 월 _____ 일

Q

요즘의 나를 단어 하나,
혹은 문장 한 줄로 표현한다면?

내일의 나에게 해주고 싶은 말

( )

기회는 하늘이 내려준다고 하지만,
기회를 붙잡는 것은 나의 몫이다.
햇살은 하늘이 내려주지만,
빛나는 건 나의 몫이다.

나는 나를 빛낼 수 있다.
아니, 나만 나를 빛낼 수 있다.

나는 좋은 기분만
나의 태도로 만들 것이다.
지혜롭게 구분하고 선택할
모든 힘은 이미 내 안에 있다.

Q

부모님에게
무엇을 물려받았다고 생각하는가?

내일의 나에게 해주고 싶은 말

( )

아무런 편견 없이
사람을 대하고 있는가?

내일의 나에게 해주고 싶은 말

(   )

Q

요즘 나는 해야 할 일을 하고 있는가,
소중한 일을 먼저 하고 있는가?

내일의 나에게 해주고 싶은 말

( )

Q

세상은 공평할까?

내일의 나에게 해주고 싶은 말

( )

오늘×기분

_____ 년 _____ 월 _____ 일

지금까지 받은 선물 중
아직도 기억에 남는 선물은?

내일의 나에게 해주고 싶은 말

(   )

Q

자서전을 쓴다면
꼭 소개하고 싶은 이야기는?

내일의 나에게 해주고 싶은 말

( )

_____년 _____월 _____일

운명이 있다고 생각하는가?
혹은 선택이 인생을 움직인다고 생각하는가?

내일의 나에게 해주고 싶은 말

(   )

섬세하다는 것은
나에게 보이는 저 먼지가
누군가에게는 무거운 짐처럼
느껴질 수 있다는 사실을
자각하며 살아가는 것이다.

예민하다는 것은
누군가 먼지처럼 느끼는 것도
하나하나 무거운 짐처럼
받아들이는 것을 말한다.

내 마음을 약해지게 만드는
가장 치명적인 아킬레스건은?

내일의 나에게 해주고 싶은 말

( )

Q

나에게 멋진 사람이 되고 싶은가,
남에게 좋은 사람이 되고 싶은가?

내일의 나에게 해주고 싶은 말

( )

오늘×기분

_____ 년 _____ 월 _____ 일

Q

최근 아깝게 놓쳐버린 기회 중
가장 아쉬운 것은?

내일의 나에게 해주고 싶은 말

( )

𝓠

내 삶을 영화로 만든다면
장르와 등장인물은?

내일의 나에게 해주고 싶은 말

(   )

ℜ

지성이 이끄는 하루를 보내고 있는가,
의욕이 이끄는 하루를 보내고 있는가?

내일의 나에게 해주고 싶은 말

( )

남에게 피해를 주지 않으려다
정작 내가 피해를 입은 적이 있는가?

내일의 나에게 해주고 싶은 말

(   )

오늘×기분

___ 년 _____ 월 _____ 일

··

Q

내가 좋아하는
가장 다정한 말은?

내일의 나에게 해주고 싶은 말

( )

고민할 시간까지 아끼자.

능력이 없는 사람이
고민을 자주 한다.
능력이 있는 사람은
그 능력을 펼치느라
잠시 고민할 여유조차 없다.

우리가 행해야 할 답은 정해져 있다.

　　　　고민할 시간까지 아껴
　　　　능력을 갖추는 데 쓰자.

R

나는 오늘
나의 무엇을 용서했는가?

내일의 나에게 해주고 싶은 말

(   )

032

오늘×기분

_______년 _______월 _______일

Q

오늘 나의 하루가 책이 된다면
이 책을 가장 사랑하는 사람에게 추천할 수 있는가?

내일의 나에게 해주고 싶은 말

(　　　　　　　　　　　　　　　　　　　　　)

오늘×기분

_____년 _____월 _____일

𝑸

모든 것을 지원받을 수 있다면
어느 나라로 이민을 가고 싶은가?

내일의 나에게 해주고 싶은 말

(   )

Q

365일 내내 하나만 먹어야 한다면
무엇을 먹겠는가?

내일의 나에게 해주고 싶은 말

( )

오늘×기분

_____ 년 _____ 월 _____ 일

....

Q

최근 '사는 게 별거 없구나' 라고
생각한 순간이 있는가?

내일의 나에게 해주고 싶은 말

( )

오늘×기분

_____ 년 _____ 월 _____ 일

Q

'이건 제발 나에게 묻지 마!'라고
여기는 질문이 있는가?

내일의 나에게 해주고 싶은 말

(   )

_____ 년 _____ 월 _____ 일

요즘 내가 가장
좋아하는 옷 스타일은?

내일의 나에게 해주고 싶은 말

(   )

인생을 배에 비유해보자.
배에 물이 새고 있을 때
보통은 구멍을 임시로 막아두기만 한다.
이는, 변화해야 하는 시점에
안타깝게도 위험한 현실에 안주하는 것과 같다.

우리는 기억해야 한다.
결과가 두렵더라도,
가끔은 당장의 위험을 무릅쓰고
과감하게 배를 갈아타야 한다는 사실을.

　　　때를 놓치면 결국 물에 빠져서
물길이 원하는 대로 끌려가게 된다.

Q

타인에게 주로 조언하는 입장인가,
조언을 받는 입장인가?

내일의 나에게 해주고 싶은 말

( )

오늘×기분

_____년 _____월 _____일

Q

요즘 가장
손꼽아 기다리고 있는 일은?

내일의 나에게 해주고 싶은 말

(   )

요즘 가장
피하고 싶고 스트레스 받는 일은?

내일의 나에게 해주고 싶은 말

(   )

오늘×기분

_____ 년 _____ 월 _____ 일

오늘 나의 하루와
가장 잘 어울리는 노래는?

내일의 나에게 해주고 싶은 말

(   )

ℚ

요즘 내가
가장 아끼는 것은?

내일의 나에게 해주고 싶은 말

( )

오늘×기분

_____년 _____월 _____일

오늘 내가 봐도
멋있었던 나의 모습은?

내일의 나에게 해주고 싶은 말

(   )

자유자재로
다루고 싶은 악기가 있는가?

내일의 나에게 해주고 싶은 말

( )

'모든 일에는 이유가 있다'라고 생각하면
거리에서 수많은 물음표를 발견할 수 있다.

하지만 아무런 이유가 없다고
무심히 생각하며 걸어가면
거리에서 수많은 마침표만 보게 된다.

누군가는 앉아서도 영감을 얻지만
누군가는 아무리 멀리 떠나도
아무것도 얻지 못한다.

이 세계의 모든 영감은
'모든 일에는 이유가 있다'라는
생각으로부터 시작된다.

Q

다시 태어나면
(   )가 되고 싶다.

내일의 나에게 해주고 싶은 말

(   )

Q

아주 사소한 것이지만
남들보다 내가 잘하는 것은?

내일의 나에게 해주고 싶은 말

(   )

Q

실패가 두려울 때
내가 나에게 하는 말은?

내일의 나에게 해주고 싶은 말

( )

오늘×기분

_____년 _____월 _____일

SNS에서 다른 사람들의 사진을 보면
어떤 기분이 드는가?

내일의 나에게 해주고 싶은 말

(   )

오늘×기분

_____ 년 _____ 월 _____ 일

감정 기복이 심할 때는
어떻게 대처하는가?

내일의 나에게 해주고 싶은 말

(   )

Q

좋아하는 사람에게 잘해주고
상처받았을 때 나는?

내일의 나에게 해주고 싶은 말

(   )

계획대로 일이 흘러가지 않을 때
나는 어떻게 하는가?

내일의 나에게 해주고 싶은 말

( )

사람을 좋아하는 방식에는
크게 두 가지가 있다.

하나는 그가 나만 보게 하려고 하는 사람,
또 하나는 그를 모두에게 소개하려는 사람이다.

전자는 이기적인 추종자이고
후자는 진실한 지원자, '팬'이라고 부른다.

이기적인 추종자는
자신의 존재만 부각시키지만,
진실한 팬은
어떻게든 그 사람을 세상에 전하려고 한다.

오늘×기분

_____ 년 _____ 월 _____ 일

지금 나에게
가장 소중한 사람은?

내일의 나에게 해주고 싶은 말

(   )

오늘×기분

_____ 년 _____ 월 _____ 일

가장 소중한 사람이 내일 세상을 떠난다면
그에게 무엇을 해주고 싶은가?

내일의 나에게 해주고 싶은 말

(   )

요즘 나에게
선한 영향력을 끼치고 있는 사람은?

내일의 나에게 해주고 싶은 말

(   )

오늘×기분

_____ 년 _____ 월 _____ 일

Q

요즘 생각만 해도
짜증나는 사람은?

내일의 나에게 해주고 싶은 말

( )

Q

인생의 우선순위를
3위까지 정해본다면?

내일의 나에게 해주고 싶은 말

( )

오늘×기분

_____ 년 _____ 월 _____ 일

만약 신을 만나게 된다면
무엇을 묻고 싶은가?

내일의 나에게 해주고 싶은 말

(   )

오늘×기분

_____년 _____월 _____일

. . . .

𝐐

마음의 에너지를 채워주는
나만의 장소가 있는가?

내일의 나에게 해주고 싶은 말

(   )

당신의 욕망이 이끄는 시선으로
영감을 활용하려고 하지 마라.

영감이 스스로
자신을 이 세계에서
어떻게 쓰고 싶어 하는지,
그 마음이 들릴 때까지
영감의 소리를 들어보라.

Ω

인생에서 가장
중요하게 여기는 가치는?

최근 나를 잊을 정도로
깊이 몰입한 적이 있는가?

내일의 나에게 해주고 싶은 말

(   )

오늘×기분

_____ 년 _____ 월 _____ 일

$\mathbf{Q}$

요즘 내 마음에 가득한 감정은
(   )이다.

내일의 나에게 해주고 싶은 말

(   )

오늘×기분

_____ 년 _____ 월 _____ 일

Q

내가 가장
무력감을 느끼는 순간은?

내일의 나에게 해주고 싶은 말

(   )

오늘×기분

_____년 _____월 _____일

Q

과거로 돌아갈 수 있다면
어느 상황으로 돌아가겠는가?

내일의 나에게 해주고 싶은 말

( )

새해 다짐을
얼마나 실천하고 있는가?

내일의 나에게 해주고 싶은 말

( )

내 마음대로 집을 지을 수 있다면
어떤 집을 짓고 싶은가?

내일의 나에게 해주고 싶은 말

( )

당신은 스스로에게 진실한가?

행복해지려면
내 마음속에는 늘 진실만 간직하고 있어야 한다.

하지만 설령
자신이 진실하지 않다는
지독한 사실을 발견하게 되더라도,
자신을 미워하지 말자.

사랑은 결점까지 아름답게 여기는
마음에서 시작하니까.

오늘×기분

_____ 년 _____ 월 _____ 일

비가 내리면 어떤 생각이 드는가?

내일의 나에게 해주고 싶은 말

(   )

오늘×기분

_____ 년 _____ 월 _____ 일

Q

지금 사는 동네에 대해
어떻게 생각하는가?

내일의 나에게 해주고 싶은 말

(   )

마지막으로 누군가에게
꽃을 준 것이 언제인가?

내일의 나에게 해주고 싶은 말

(   )

앞으로 내 인생에서
절대 일어나지 않았으면 하는 일은?

내일의 나에게 해주고 싶은 말

( )

오늘×기분

_____ 년 _____ 월 _____ 일

남들에게 숨기고 싶은
약점이 있는가?

내일의 나에게 해주고 싶은 말

(   )

인생에서 다른 걸 포기해도
(   )는 포기할 수 없다.

내일의 나에게 해주고 싶은 말

(   )

오늘×기분

_____년 _____월 _____일

Q

요즘 나의 몸무게와
허리 사이즈는 몇인가?

내일의 나에게 해주고 싶은 말

( )

무언가를 만들어서
세상에 제공하는 사람이라면,
자신이 만든 콘텐츠를
최고라고 생각할 수 있어야 한다.

나의 시간과 정성을 모두 담아
만든 것이니까.

'나는 평범한 사람이지만
나의 글은 매우 특별하다.'

오늘×기분

_____ 년 _____ 월 _____ 일

- -

Q

지금 바로 말할 수 있는
'인생 영화' 세 가지는?

내일의 나에게 해주고 싶은 말

( )

내 인생에서 가장
자랑스러운 실패는?

내일의 나에게 해주고 싶은 말

( )

오늘×기분

_____ 년 _____ 월 _____ 일

어떤 옷을 입을 때
가장 자신감이 생기는가?

내일의 나에게 해주고 싶은 말

( )

기분 좋을 때
반복해서 듣는 음악이 있는가?

내일의 나에게 해주고 싶은 말

(   )

Q

힘들 때 가장 보고 싶은 사람은?

내일의 나에게 해주고 싶은 말

(   )

오늘×기분

_____ 년 _____ 월 _____ 일

사람이라면 가져야 할
최소한의 태도는?

내일의 나에게 해주고 싶은 말

(   )

가족을 생각하면 나의 기분은?

내일의 나에게 해주고 싶은 말

(   )

우리는 사는 내내 운다.

세상은 남을 위해서 우는
한 방울의 눈물이
가장 가치 있다고 말하지만,

세상에서 가장 사랑스럽고
아름다운
눈물은
그간 사느라고 고생한 나를 위해
흘리는 한 방울의 눈물이다.

내가 나를 위해 울 때
삶은 더욱 감동스러워진다.

오늘×기분

_____년 _____월 _____일

주말을 행복하게 보내는
나만의 루틴은?

내일의 나에게 해주고 싶은 말

( )

오늘×기분

_____년 _____월 _____일

요즘 세상에서
가장 시끄러운 문제는?

내일의 나에게 해주고 싶은 말

(   )

내가 아프면
가장 슬퍼할 사람은 누구일까?

내일의 나에게 해주고 싶은 말

(   )

_____ 년 _____ 월 _____ 일

Q

오늘 하늘을 올려다본 적이 있는가?

내일의 나에게 해주고 싶은 말

(   )

오늘×기분

_____년 _____월 _____일

건강하게 산다는 조건으로
몇 살까지 살고 싶은가?

내일의 나에게 해주고 싶은 말

(   )

Q

최근에 나눈 대화 중
가장 기억에 남는 것은?

내일의 나에게 해주고 싶은 말

(   )

오늘×기분

_____년 _____월 _____일

. . . .

Q

유언으로 딱 세 줄만 쓴다면?

내일의 나에게 해주고 싶은 말

( )

특정 장소에 가서 머물러 있어야만
돈을 버는 사람은
자신의 자유를 제한하며
생계를 유지해야 한다.

시간과 꿈, 희망과 선택까지 모두
어느 정도 포기해야 살아갈 수 있다.
살기 위해서 삶을 포기하는
아이러니한 상황에 빠지는 것이다.

자신에게 주어진 모든 자유를
최대한 빼앗기지 않고
만족하며 살기 위해서는

'공간'과 '시간'을 스스로 선택할
자유를 되찾아야 한다.

Q

가장 좋아하는 계절과
그 계절에 꼭 하고 싶은 일은?

내일의 나에게 해주고 싶은 말

( )

오늘×기분

_____ 년 _____ 월 _____ 일

Q

혹시 지금 아픈 곳이 있는가?

내일의 나에게 해주고 싶은 말

(   )

Q

남에게 평생 말하고 싶지 않은
나만의 비밀이 있는가?

내일의 나에게 해주고 싶은 말

(   )

오늘×기분

_____ 년 _____ 월 _____ 일

선의의 거짓말을
할 수 있다고 생각하는가?

내일의 나에게 해주고 싶은 말

(   )

오늘×기분

_____ 년 _____ 월 _____ 일

Q

온라인 쇼핑몰 장바구니에
담아둔 것은?

내일의 나에게 해주고 싶은 말

(   )

오늘×기분

_____ 년 _____ 월 _____ 일

Q

사람의 마음을 읽을 수 있다면
누구의 마음을 가장 읽고 싶은가?

내일의 나에게 해주고 싶은 말

( )

Q

나도 알고 있지만
고칠 수 없는 버릇이 있다면?

내일의 나에게 해주고 싶은 말

( )

인생의 모든 좋은 것은
언제나 스스로 찾아야 한다.

아무도 공짜로 주지 않기 때문이다.
가끔은 돈을 받으면서도
속이기까지 한다.

Q

극복하기 어려운
트라우마가 있는가?

내일의 나에게 해주고 싶은 말

(   )

_____년 _____월 _____일

. . . .

Q

올해 가장 결정적인 순간을 꼽는다면?

_____

_____

_____

_____

_____

_____

내일의 나에게 해주고 싶은 말

(_____)

오늘×기분

_____년 _____월 _____일

Q

나는 타인의 계획대로 살고 있는가,
나의 마음과 자유를 따라 살고 있는가?

내일의 나에게 해주고 싶은 말

(   )

102

오늘×기분

_____년 _____월 _____일

....

𝐐

10대로 돌아갈 수 있다면
그때의 나에게 뭐라고 말해주고 싶은가?

내일의 나에게 해주고 싶은 말

(   )

Q

30년 후의
내가 어떤 모습이길 바라는가?

내일의 나에게 해주고 싶은 말

(   )

Q

인생의 롤 모델이 있는가?

내일의 나에게 해주고 싶은 말

( )

오늘×기분

_____년 _____월 _____일

Q

나는 누군가에게
롤 모델이 되어주고 있는가?

내일의 나에게 해주고 싶은 말

( )

누군가의 생각을
단순히 읽는 것에서 벗어나
스스로 생각할 수 있을 때,
그 사람의 세계는
비로소 경계를 허물고 폭발하게 된다.
그리고 다시, 그 생각을
글로 표현할 때
생각의 혁명이 시작된다.

오늘×기분

_____ 년 _____ 월 _____ 일

내가 자주 하는 말은?

내일의 나에게 해주고 싶은 말

(   )

오늘×기분

_____년 _____월 _____일

- -

Q

행복한 순간에
제일 먼저 떠오르는 사람은?

내일의 나에게 해주고 싶은 말

( )

오늘×기분

_____ 년 _____ 월 _____ 일

. . . .

Q

삶의 마지막 날에
하고 싶은 일이 있다면?

내일의 나에게 해주고 싶은 말

(   )

오늘×기분

_____ 년 _____ 월 _____ 일

인생을 다시 살 수 있다면
어떻게 시작하고 싶은가?

내일의 나에게 해주고 싶은 말

(   )

최근 나에게 가장 큰 성취감을 준 일은?
그리고 그것을 칭찬한 사람이 있다면?

내일의 나에게 해주고 싶은 말

(   )

Q

사랑과 우정 중에서
하나만 고를 수 있을까?

내일의 나에게 해주고 싶은 말

(   )

최근에 구입한 물건 중
후회하는 것이 있는가?

내일의 나에게 해주고 싶은 말

( )

자신이 관리할 수 있는 범위를 벗어난
막대한 돈은 그 사람의 인생에
특별한 변화를 만들 수 없다.
1등 복권에 당첨된 사람들의 삶이
지금도 그 사실을 증명하고 있다.

돈을 먼저 갈구하기보다는,
그걸 담을 수 있는 내면의 힘을
키우는 것이 순서에 맞는 일이다.

우리는 늘 순서를 착각해서
원하는 삶에 도착하지 못한다.

113

오늘×기분

_____년 _____월 _____일

Q

나에게 편지를 쓴다면
첫 줄에서 하고 싶은 말은?

내일의 나에게 해주고 싶은 말

(   )

오늘×기분

_____ 년 _____ 월 _____ 일

지금 내 눈에 보이는 풍경을
글로 표현한다면?

내일의 나에게 해주고 싶은 말

(   )

인생에서 가장 지우고 싶은 순간,
또는 사람이 있는가?

내일의 나에게 해주고 싶은 말

(   )

Q

자기 전에 보통 무엇을 하는가?

내일의 나에게 해주고 싶은 말

(   )

오늘×기분

_____년 _____월 _____일

요즘 아침에 일어나서
제일 먼저 하는 생각은?

내일의 나에게 해주고 싶은 말

( )

오늘×기분

_____ 년 _____ 월 _____ 일

Q

지금 내 앞에 커피 두 잔이 있다면
누구와 함께 마시고 싶은가?

내일의 나에게 해주고 싶은 말

(   )

오늘×기분

_____ 년 _____ 월 _____ 일

Q

꼭 해야 한다는 걸 알지만
자꾸 미루게 되는 일이 있다면?

내일의 나에게 해주고 싶은 말

(   )

'최고'는 타인을 이겼을 때
세상이 나에게 주는 선물이지만,
'최선'은 그날그날의 자신을 극복해야
비로소 누릴 수 있는
내면에서 나오는 빛과 같은 말이다.

최선은 오늘도 무언가를 추구하며
달려가는 자신에게 줄 수 있는 최고의 찬사다.
살아가며 단 한 순간도,
그 찬사를 놓치지 마라.
내가 나에게 준 가장 소중한 선물이니까.

Q

감정 변화가 별로 없는 편인가,
심한 편인가?

내일의 나에게 해주고 싶은 말

( )

Q

내가 가장 아끼는 물건은?

내일의 나에게 해주고 싶은 말

(   )

Q

순간 이동을 할 수 있다면
어디로 가겠는가?

내일의 나에게 해주고 싶은 말

(   )

1년 후, 나의 모습과
주변 사람들의 모습은 어떻게 변할까?

내일의 나에게 해주고 싶은 말

( )

오늘×기분

_____ 년 _____ 월 _____ 일

Q

오늘 내 하루는
(   )했다.

내일의 나에게 해주고 싶은 말

(   )

Q

내가 생각해도 나의 매력은
(   )이다.

_____

_____

_____

_____

_____

_____

내일의 나에게 해주고 싶은 말

(   )

오늘×기분

_____ 년 _____ 월 _____ 일

· ·

요즘 빠져 있는 콘텐츠는?

(영화, 음악, 유튜브, 미술 등)

내일의 나에게 해주고 싶은 말

(   )

'비교'는 결코 성장의 언어가 아니다.
누구든 그의 어떤 부분을 언급할 때
조금이라도 타인과 비교를 해서는 곤란하다.

아주 작은 부분이라도 장점을 찾아서
그것을 상대가 깨닫게 하는 게 중요하다.

그로 인하여 그는 자신이
가치 있는 사람이며
누군가에게 소중한 사람이
될 수 있다고 생각하며
내면의 강도를 단단하게 다질 것이다.

오늘×기분

_____년 _____월 _____일

R

좋아하는 책 구절을 소개한다면?

내일의 나에게 해주고 싶은 말

(   )

경제적 안정을 찾으면
가장 하고 싶은 일은?

내일의 나에게 해주고 싶은 말

(   )

노래방에서
꼭 부르는 노래가 있는가?

내일의 나에게 해주고 싶은 말

(   )

오늘×기분

———— 년 ———— 월 ———— 일

Q

다가오는 생일에는
어떤 선물을 받고 싶은가?

내일의 나에게 해주고 싶은 말

( )

오늘×기분

_____ 년 _____ 월 _____ 일

Q

요즘 인생에서
가장 버리고 싶은 1순위는?

내일의 나에게 해주고 싶은 말

(   )

Q

내 삶에 없어서는 안 되는 물건은?

내일의 나에게 해주고 싶은 말

(   )

오늘×기분

_____ 년 _____ 월 _____ 일

Q

내일 가장 중요한 계획은 무엇인가?

내일의 나에게 해주고 싶은 말

( )

자신의 뜻을 품고 달려가는 사람은
누군가 쏜 비난의 화살을 걱정할 필요가 없다.
나는 이미 그 자리에 없으니까.
그들은 내가 지나간 흔적만 발견할 뿐이다.

그러니까 당신은 언제나 자신의 길을 가라.
어떤 비난과 조롱도 신경 쓰지 마라.
그것들은 결코 당신에게 닿을 수 없으니까.

트집만 잡으며 당신을 흔들고 있는,
어리석은 그들에게 크게 소리쳐라.

"그 자리에 이제 나는 없다."

오늘×기분

_____ 년 _____ 월 _____ 일

....

Q

오늘 (   )이 없어서
힘들었다.

내일의 나에게 해주고 싶은 말

(   )

오늘×기분

_____년 _____월 _____일

Q

사랑하는 사람에게
딱 하나의 질문만 해야 한다면?

내일의 나에게 해주고 싶은 말

(   )

오늘×기분

_____년 _____월 _____일

. . . .

ℛ

나는 좋을 때가 많을까,
슬플 때가 많을까?

내일의 나에게 해주고 싶은 말

(   )

오늘×기분

_____년 _____월 _____일

Q

최근 나의 가능성을 알아봐준 사람은?

내일의 나에게 해주고 싶은 말

(   )

오늘×기분

_____ 년 _____ 월 _____ 일

약속 장소에 먼저 도착하는 편인가,
늦게 도착하는 편인가?

내일의 나에게 해주고 싶은 말

(   )

오늘×기분

_____년 _____월 _____일

자유로운 인생이란 무엇일까?

내일의 나에게 해주고 싶은 말

( )

얼굴만 떠올려도 힘이 되는 사람은?

내일의 나에게 해주고 싶은 말

(   )

자신이 무언가를 열심히 한다는 사실을
굳이 세상에 알릴 필요가 없다.

그 가치를 아는 사람은
이미 알고 있고
가치를 모르는 사람은
말해도 모르기 때문이다.

내 삶에 진실하다면
굳이 말이 필요 없다.
결국 수준에 맞는 사람과
만나게 되니까.

ℚ

요즘 가만히 서서 조용히
무언가를 응시한 적이 있는가?

내일의 나에게 해주고 싶은 말

(   )

"오늘 시간 돼?"하고 불쑥
연락할 수 있는 사람이 있는가?

내일의 나에게 해주고 싶은 말

(   )

오늘×기분

_____년 _____월 _____일

Q

내 기분을 회복시키는
나만의 방법이 있다면?

내일의 나에게 해주고 싶은 말

(   )

오늘×기분

_____ 년 _____ 월 _____ 일

Q

사는 게 행복한가?

내일의 나에게 해주고 싶은 말

( )

ℚ

한 사람의 인생을 바꿔줄 수 있다면
누구를, 어떻게 바꾸고 싶은가?

내일의 나에게 해주고 싶은 말

(   )

오늘×기분

_____년 _____월 _____일

살면서 목 놓아 울어본 적이 있는가?

내일의 나에게 해주고 싶은 말

( )

오늘×기분

_____ 년 _____ 월 _____ 일

. . . .

𝕼

요즘 내 인생에서 칼같이
거절해야 할 것들은 무엇인가?

내일의 나에게 해주고 싶은 말

( )

행복해지고 싶다면,
가장 간단한 방법이 하나 있다.
"아, 시간이 이대로 멈추면 참 좋겠다."
이런 순간을 자주 만드는 것이다.

멈추면 좋을 것 같았던 순간들,
그때를 함께 나눴던 사람들,
그 순간 내 미소와 기억,
그것들이 모두 모여서
행복의 재료가 되는 거니까.

너무 애쓰지 않아도 괜찮다.
그리고 너무 참지 말자.
너무 아프지도 말자.
잘 되지 않아도 좋으니
우리 고장 나지는 말자.

오늘×기분

_____년 _____월 _____일

. . . .

Q

슬픔도, 우울도
때로는 인생에 힘이 될까?

내일의 나에게 해주고 싶은 말

(   )

_____년 _____월 _____일

Q

스스로 운이 좋은 편이라고 생각하는가?

내일의 나에게 해주고 싶은 말

( )

Q

원하는 삶에 가까워지고 있는가,
멀어지고 있는가?

내일의 나에게 해주고 싶은 말

(   )

151

Q

부모가 된다면
어떤 부모가 되고 싶은가?

내일의 나에게 해주고 싶은 말

( )

오늘×기분

_____ 년 _____ 월 _____ 일

....

Q

혼자만 아는 기쁨이 있는가?

내일의 나에게 해주고 싶은 말

(   )

오늘×기분

_____ 년 _____ 월 _____ 일

Q

한 사람의 밑바닥을 본 적이 있는가?

내일의 나에게 해주고 싶은 말

(   )

나는 '좋아하는 마음'을
정확하게 표현하는 편인가?

내일의 나에게 해주고 싶은 말

(   )

몸이 바쁘면
쓸데없는 생각을 하지 않아서
좋다고 흔히 말한다.

그렇다면
내가 바쁘게 보낸 하루는
'쓸데없는 생각'보다
쓸모가 있는 것이었나?

쓸데없는 생각을 하기 싫어서
그 생각보다 쓸모없는 하루를 보낸다면
그건 최악의 선택이다.

오늘×기분

_____ 년 _____ 월 _____ 일

인생의 목적이 있는가?

내일의 나에게 해주고 싶은 말

(   )

오늘×기분

_____년 _____월 _____일

의지를 갖고 사는가,
운명을 받아들이는가?

내일의 나에게 해주고 싶은 말

(   )

오늘×기분

_____ 년 _____ 월 _____ 일

일 VS 사랑
둘 중 하나만 골라야 한다면?

내일의 나에게 해주고 싶은 말

(   )

𝒬

요즘 읽고 있는 시가 있는가?

내일의 나에게 해주고 싶은 말

(   )

Q

노력 없이도 타고난 나의 재능은?

내일의 나에게 해주고 싶은 말

( )

오늘×기분

_____ 년 _____ 월 _____ 일

⚘

나의 하루를 팔 수 있다면
가격을 얼마로 책정하겠는가?

내일의 나에게 해주고 싶은 말

(   )

오늘×기분

_____ 년 _____ 월 _____ 일

· ·

ℚ

힘들 때 혼자 참는 편인가,
누군가에게 도움을 구하는 편인가?

내일의 나에게 해주고 싶은 말

( )

당신이 아무리 최선을 다해
자신의 일을 한다고 해도,
제대로 방향을 정하지 못한 상태로
시간만 투자한다는 것은
최선을 다해 실패를 모으는 것과 같다.

시간과 힘을 투자하는 것보다
투자할 방향을 정하는 게 먼저다.

오늘×기분

_____ 년 _____ 월 _____ 일

나는 스스로를 다그치는 편인가,
너그럽게 대하는 편인가?

내일의 나에게 해주고 싶은 말

(   )

오늘×기분

_____년 _____월 _____일

내가 만약 벌을 받았다면
그 벌이 뭐라고 생각하는가?

내일의 나에게 해주고 싶은 말

( )

오늘×기분

_____ 년 _____ 월 _____ 일

....

R

2시간 동안 할 수 있는
나만의 강연 주제가 있다면?

_____

_____

_____

_____

_____

_____

_____

내일의 나에게 해주고 싶은 말

( )

오늘×기분

_____년 _____월 _____일

주제 상관없이
꼭 듣고 싶은 강연이 있는가?

내일의 나에게 해주고 싶은 말

(   )

오늘×기분

_____년 _____월 _____일

헤어진 연인이 준
물건을 아직 갖고 있는가?

내일의 나에게 해주고 싶은 말

( )

Q

내가 생각하는
좋은 사람의 기준은?

내일의 나에게 해주고 싶은 말

( )

오늘×기분

_____ 년 _____ 월 _____ 일

바다가 좋은가,
산이 좋은가?

내일의 나에게 해주고 싶은 말

(   )

도전은

불가능한 것을
해내려는 시도가 아니라
자기 눈에만 보이는 가능성을
남들도 알 수 있게 만드는 시도이다.

오늘×기분

_____ 년 _____ 월 _____ 일

𝐐

다시 태어난다면
건강한 거지 VS 병든 부자

내일의 나에게 해주고 싶은 말

( )

Q

행복의 90%는
(   )에 달려 있다.

내일의 나에게 해주고 싶은 말

(   )

오늘×기분

_____ 년 _____ 월 _____ 일

인간의 본능 중 1순위는
뭐라고 생각하는가?

내일의 나에게 해주고 싶은 말

(   )

오늘×기분

_____ 년 _____ 월 _____ 일

Q

근육이 있는 탄탄한 몸
VS 적당히 마르고 날씬한 몸

내일의 나에게 해주고 싶은 말

(   )

오늘×기분

_____ 년 _____ 월 _____ 일

Q

사랑을 위해 나는
(   )까지 할 수 있다.

내일의 나에게 해주고 싶은 말

(   )

오늘×기분

_____ 년 _____ 월 _____ 일

불쾌한 일을 겪을 때
나는 보통 어떻게 반응하는가?

내일의 나에게 해주고 싶은 말

(   )

오늘×기분

_____ 년 _____ 월 _____ 일

Q

유행어와 신조어를 자주 쓰는
사람을 보면 어떤 기분이 드는가?

내일의 나에게 해주고 싶은 말

( )

모든 일의 시작과 끝을
하나로 연결하기 힘든 이유는
시작과 과정은 아이디어와 돈으로
얼마든지 진행이 가능하지만,
끝에서 만나는 사람의 마음까지
돈으로 살 수 없기 때문이다.

오늘×기분

_____년 _____월 _____일

내 마음과 완전히 똑같은
사람을 만난 적이 있는가?

내일의 나에게 해주고 싶은 말

(   )

오늘×기분

_____년 _____월 _____일

Q

나에게 꼭 필요한 현대 기술은?

내일의 나에게 해주고 싶은 말

(   )

282

_____ 년 _____ 월 _____ 일

Q

나는 항상 이렇게 생각한다.
'할 수 있을 것 같아!' VS '못하겠는데?'

내일의 나에게 해주고 싶은 말

( )

오늘×기분

_____ 년 _____ 월 _____ 일

요즘 노력하는 일은 무엇인가?

내일의 나에게 해주고 싶은 말

(   )

오늘×기분

_____ 년 _____ 월 _____ 일

사람의 노력은 결국
좋은 일로 돌아온다고 생각하는가?

내일의 나에게 해주고 싶은 말

(   )

오늘×기분

_____ 년 _____ 월 _____ 일

Q

나는 변화하고 싶은가,
지금 상태를 유지하고 싶은가?

내일의 나에게 해주고 싶은 말

( )

세상에서 가장 무의미한 슬픔이
무엇이라고 생각하는가?

내일의 나에게 해주고 싶은 말

( )

무언가를 하려는 사람은 별로 없지만,
무언가가 되려는 사람은 넘친다.

작가가 되려면 글을 써야 하는데
쓰지는 않고 작가가 되려고 하고,
자격을 갖추려면 공부를 해야 하는데
빠르게 타이틀만 가지려고 한다.

'동사'라는 과정은 가볍게 스치고
'명사'라는 결과만 가지려고 하기 때문이다.
살기 더욱 힘들어지는 이유가 여기에 있다.

힘들수록 명사가 아닌 동사에 집중하라.
동사가 희망이고 살아갈 힘이다.

오늘×기분

_____년 _____월 _____일

Q

사랑해선 안 될 사람을
사랑한 적이 있는가?

내일의 나에게 해주고 싶은 말

(   )

오늘×기분

_____ 년 _____ 월 _____ 일

세상을 떠난 사람 중
만나고 싶은 사람이 있는가?
그에게 꼭 묻고 싶은 말은?

내일의 나에게 해주고 싶은 말

( )

평범한 인생을 살고 있는가?

내일의 나에게 해주고 싶은 말

(   )

오늘×기분

_____ 년 _____ 월 _____ 일

부유하고 성공한 외톨이의 삶
VS 친구가 많은 평범한 사람의 삶

내일의 나에게 해주고 싶은 말

(   )

Q

깊은 감동을 준 음악이
범죄자가 만든 것이라는 걸 알았을 때 나는?

내일의 나에게 해주고 싶은 말

( )

Q

1분 후에 죽게 된다면 나는 누구에게
어떤 말을 하지 못한 것을 가장 후회할까?

내일의 나에게 해주고 싶은 말

(   )

189

오늘×기분

_____ 년 _____ 월 _____ 일

Q

질투가 나거나 부러운 사람이 있는가?

내일의 나에게 해주고 싶은 말

(   )

좋은 인생을 위해,
기억하면 좋을 세 가지.

최대한 좋은 마음으로 살기,

이왕이면 좋은 것만 바라보기,

가급적이면 예쁜 말로 대화하기.

오늘×기분

_____년 _____월 _____일

Q

주인을 잃은 강아지를 길에서
우연히 봤다면 어떻게 하겠는가?

내일의 나에게 해주고 싶은 말

( )

오늘×기분

_____ 년 _____ 월 _____ 일

_____

Q

더 나은 삶을 위해
내 방에 어떤 변화가 필요할까?

내일의 나에게 해주고 싶은 말

(   )

오늘×기분

_____년 _____월 _____일

···

ℚ

나는 나와
충분히 소통하며 살고 있는가?

내일의 나에게 해주고 싶은 말

( )

오늘×기분

_____ 년 _____ 월 _____ 일

10년 전의 나, 10년 후의 나에게
어떤 말을 해주고 싶은가?

내일의 나에게 해주고 싶은 말

( )

오늘×기분

_____년 _____월 _____일

Q

왜 일하는가?

내일의 나에게 해주고 싶은 말

( )

오늘×기분

_____ 년 _____ 월 _____ 일

백 살까지 살 수 있다면
몇 살까지 일하고 싶은가?

내일의 나에게 해주고 싶은 말

(   )

사람과 사람 사이에서
꼭 필요한 것은?

내일의 나에게 해주고 싶은 말

( )

누군가 5초 동안 생각해서 남긴 악플로
50분 동안 고민하며 아파한다는 것은
자신의 50시간을 낭비하는 일이다.

나쁜 마음을 가진 사람들이
나에게 남기고 있는
모든 언어로부터 멀어지자.

오늘×기분

_____년 _____월 _____일

....

Q

고독과 외로움의 차이는
뭐라고 생각하는가?

내일의 나에게 해주고 싶은 말

( )

오늘×기분

_____ 년 _____ 월 _____ 일

Q

우리는 왜 아침마다 일어나야 할까?

내일의 나에게 해주고 싶은 말

(   )

오늘×기분

_____ 년 _____ 월 _____ 일

. . . .

Q

맛집을 찾을 때
익숙한 맛 VS 새로운 맛

내일의 나에게 해주고 싶은 말

( )

Q

섬세함과 예민함을 나누는 기준은
무엇이라고 생각하는가?

내일의 나에게 해주고 싶은 말

(   )

오늘×기분

_____년 _____월 _____일

....

Q

종이책이 좋은가,
전자책이 좋은가?

내일의 나에게 해주고 싶은 말

(   )

오늘×기분

_____년 _____월 _____일

Q

'이렇게는 살고 싶지 않다'라고
생각한 순간이 있는가?

내일의 나에게 해주고 싶은 말

(   )

Q

타인이 보는 나와
내가 보는 나는 서로 일치할까?

내일의 나에게 해주고 싶은 말

(   )

마음이 아프고 불행하다는 것은
무언가를 기억하고 있다는 증거다.
기억하는 사람만이 불행을 느낄 수 있고,
잊을 수 있는 권리도 갖게 된다.

가족이든 지인이든, 혹은 일이든
지금 무언가가 당신을 아프게 한다면
서둘러 그 존재를 잊거나,
잊을 수 없다면 더 사랑하라.

잊지도 않고 더 사랑하지도 않는다면
당신만 더 아플 뿐이다.

Q

스스로 삶을 마감하는 사람을 보면
어떤 생각이 드는가?

내일의 나에게 해주고 싶은 말

( )

오늘×기분

_____ 년 _____ 월 _____ 일

나는 유머가 있는 사람인가?

내일의 나에게 해주고 싶은 말

( )

Q

내가 좋아하는 촉감은?

내일의 나에게 해주고 싶은 말

(   )

오늘×기분

_____ 년 _____ 월 _____ 일

....

Q

최근에 누군가와
진심으로 포옹한 적이 있는가?

내일의 나에게 해주고 싶은 말

( )

Q

코로나 바이러스 사태로
느낀 점이 있다면?

내일의 나에게 해주고 싶은 말

(   )

누구도 흉내 낼 수 없는
'나만이 살 수 있는 인생'을 살고 있는가?

내일의 나에게 해주고 싶은 말

( )

오늘×기분

_____ 년 _____ 월 _____ 일

여행지에서 주로 묵는
숙소의 형태는?

내일의 나에게 해주고 싶은 말

(   )

좋은 글은 아무리 길어도
중간에 자르거나 삭제할
부분이 보이지 않는다.
하나로 아름답게 묶여 있기 때문이다.

세상의 아름다운 것은 모두 그렇다.
자르거나 분해하거나
따로 떼어내 생각할 수가 없다.

시작부터 끝까지 아름다운 마음으로
창조한 것들의 공통점이다.

좋은 책을 만나면 모든 글에 줄을 치듯,
아름다운 것들을 만나면
모든 마음에 줄을 치고 싶어진다.

오늘×기분

_____년 _____월 _____일

Q

내 기분을 불편하게 했던
드라마나 책이 있다면?

내일의 나에게 해주고 싶은 말

(   )

오늘×기분

_____ 년 _____ 월 _____ 일

앞으로 살아가는 데
배우자가 꼭 필요할까?

내일의 나에게 해주고 싶은 말

(   )

Q

정말 마음이 젊으면
늙지 않는다고 생각하는가?

내일의 나에게 해주고 싶은 말

( )

214

....

Q

억지로라도 웃으면
기분이 좋아지는가?

_____

_____

_____

_____

_____

_____

내일의 나에게 해주고 싶은 말

(   )

Q

자기 감정에 충실한 사람에 대해
어떻게 생각하는가?

내일의 나에게 해주고 싶은 말

( )

오늘×기분

_____ 년 _____ 월 _____ 일

나는 솔직한 사람인가?

내일의 나에게 해주고 싶은 말

(   )

오늘×기분

_____년 _____월 _____일

....

Q

'세상이 내 마음 같지 않네'라고
느낀 적은?

내일의 나에게 해주고 싶은 말

( )

능력 이상의 고가의 컨설팅보다,
오히려 무료 컨설팅이 더 위험하다.
무료로 봉사하려는 사람은 흔치 않으니까.
그는 무료를 핑계로 당신을 유혹해서,
막대한 이익을 노리고 있을 가능성이 높다.

Q

나는 어떤 종류의
가면을 쓰고 있는가?

내일의 나에게 해주고 싶은 말

( )

Q

남이 시키는 일을 하는 것이
마음이 편하다 VS 성에 안 찬다

내일의 나에게 해주고 싶은 말

( )

오늘×기분

_____년 _____월 _____일

내가 받은 상처를 그에게
똑같이 되돌려주면 안 될까?

내일의 나에게 해주고 싶은 말

(   )

Q

어떻게 죽고 싶은가?

내일의 나에게 해주고 싶은 말

( )

ℚ

성과와 관계없이
마음껏 즐기며 하는 일이 있는가?

내일의 나에게 해주고 싶은 말

(   )

Q

나는 무기력할 때
늘어져 있다 VS 이겨내려고 한다

내일의 나에게 해주고 싶은 말

(   )

Q

나를 물건에 비유한다면?

내일의 나에게 해주고 싶은 말

(   )

"고통을 분담하자"라는 제안에는 언제나,
"너 혼자 고통을 전담하라"는 욕망이 녹아 있다.
그렇게 누군가 고통을 전담하게 되고,
고통을 분담하자고 말했던 사람은
더욱 높은 자리로 올라간다.

그리고 그는 아주 빠르게
고통을 전담했던 사람을 잊는다.

슬픈 현실은
그가 사라지기 직전까지
고통을 전담한 이는
자신을 마음에서 지워버린 그를
굳게 믿는다는 사실이다.

ℚ

때때로 내가 실패자처럼
느껴질 때가 있는가?

내일의 나에게 해주고 싶은 말

( )

오늘×기분

_____ 년 _____ 월 _____ 일

Q

사회가 발전하면
나도 더 행복해질까?

내일의 나에게 해주고 싶은 말

(   )

세상에 자랑하고 싶은
나의 좋은 습관은?

내일의 나에게 해주고 싶은 말

( )

오늘×기분

_____ 년 _____ 월 _____ 일

나는 법 없이도
살 수 있는 사람인가?

내일의 나에게 해주고 싶은 말

(   )

Q

나는 주변에 어떤 영향을
끼치는 사람이 되고 싶은가?

내일의 나에게 해주고 싶은 말

(   )

오늘×기분

_____ 년 _____ 월 _____ 일

일과 삶의 균형을 위해
나는 어떤 노력을 하고 있는가?

내일의 나에게 해주고 싶은 말

( )

오늘×기분

_____ 년 _____ 월 _____ 일

Q

나의 일터는 어떤 모습인가?

내일의 나에게 해주고 싶은 말

(   )

'같은 일로 여러 번 사과를 했다'는 말은
'아직 한 번도 제대로 사과하지 않았다'는 뜻이다.

진실한 사과는 한 번에
얼어 있는 상대의 마음을 녹인다.

책임을 회피하려고 할수록
사과하는 횟수만 늘어날 뿐,
상대의 마음은 오히려 더 단단하게 굳는다.

Q

사랑의 유효 기간은
언제까지일까?

내일의 나에게 해주고 싶은 말

( )

'직업'과 '직장'의
차이는 무엇일까?

내일의 나에게 해주고 싶은 말

(   )

ℛ

키를 마음껏 키울 수 있다면
어느 정도까지 자라고 싶은가?

내일의 나에게 해주고 싶은 말

( )

Q

만약 결혼을 하게 된다면
'결혼 전 꼭 필요한 준비'는 무엇일까?

내일의 나에게 해주고 싶은 말

(   )

오늘×기분

_____년 _____월 _____일

Q

요즘 일상이
지루한 편인가?

내일의 나에게 해주고 싶은 말

( )

Q

체력을 기르기 위해
어떤 노력을 하고 있는가?

내일의 나에게 해주고 싶은 말

(   )

오늘×기분

_____ 년 _____ 월 _____ 일

....

어떻게 하면 멋지게
나이 들어갈 수 있을까?

_____

_____

_____

_____

_____

_____

_____

내일의 나에게 해주고 싶은 말

(   )

당신이 지금 무언가를 선택하면
사람들은 이렇게 비난할 것이다.
"도대체 그걸 지금 왜 하는가!"
반대로 당신이 무엇도 선택하지 않으면
사람들은 다시 이렇게 비난할 것이다.
"도대체 왜 아무것도 하지 않는 것인가!"

결국 당신은 무엇을 선택하든 비난받는다.

그것이 바로,
당신이 무언가를 뜨겁게 선택했다면
이후에는 당신 내면의 소리에만
귀를 기울여야 하는 이유다.

Q

지금 하는 일에서
나의 한계는 어디까지일까?

내일의 나에게 해주고 싶은 말

(   )

Q

역사 속 인물을 불러낼 수 있다면
누구에게 어떤 질문을 하고 싶은가?

내일의 나에게 해주고 싶은 말

( )

인간은 역시 이기적인 존재라고
느낄 때가 있다면?

내일의 나에게 해주고 싶은 말

( )

오늘×기분

_____ 년 _____ 월 _____ 일

Q

돈을 얼마나 가져야
나는 행복해질까?

내일의 나에게 해주고 싶은 말

( )

Q

내 인생을 바꾸기 위해
필요한 것을 세 가지 고른다면?

내일의 나에게 해주고 싶은 말

(   )

Q

최근에 다른 사람들 앞에서
운 적이 있는가?

내일의 나에게 해주고 싶은 말

( )

_____년 _____월 _____일

Q

나와 친한 친구가 되기 위해서는
(   )이 필요하다.

내일의 나에게 해주고 싶은 말

(   )

위대한 것들은 아직 우리가 배울 수 없다.
먼저 대상을 느끼며 자유롭게 경탄하는 게 좋다.
경탄한 것들이 쌓이면
그것들 안에서 배워야 할 것들이
저절로 자신을 드러낼 것이다.
그때 깨달음은 숨을 쉬듯 자연스럽게 이루어진다.

....

Q

누군가를 위해
노래를 부른 적이 있는가?

내일의 나에게 해주고 싶은 말

(   )

오늘 감사하게 생각하는 일은?

내일의 나에게 해주고 싶은 말

(   )

정치 이야기만 하는 사람을 보면
나는 기분이 어떤가?

내일의 나에게 해주고 싶은 말

(   )

Q

친구가 약속 시간보다 30분 이상
늦었을 때 뭐라고 하겠는가?

내일의 나에게 해주고 싶은 말

(   )

오늘×기분

_____년 _____월 _____일

Q

슬픔은 나누면
(   )이 된다.

내일의 나에게 해주고 싶은 말

(   )

오늘×기분

_____년 _____월 _____일

- -

Q

하루만 성(性)을 바꿀 수 있다면
무엇을 하고 싶은가?

내일의 나에게 해주고 싶은 말

(   )

𝕽

아침마다 하는
나만의 루틴이 있다면?

내일의 나에게 해주고 싶은 말

(   )

다양한 경험을 통해 우리는 알 수 있다.

'세상에 진짜 전문가가 별로 없구나.'

이때 그들의 비전문성을 비난하기보다는
이런 생각으로 성장을 자극하는 게 지혜롭다.

'내가 조금만 더 하면 전문가가 될 수 있겠다.'

타인의 단점에서 벗어나 자신의 가능성을 보라.
그 작은 공간에서 살아갈 희망은 자라는 거니까.

오늘×기분

_____년 _____월 _____일

. . . .

상대방의 마음을 얻는
나만의 방법이 있다면?

내일의 나에게 해주고 싶은 말

(   )

오늘×기분

_____년 _____월 _____일

내 인생을 시간으로 표현한다면
지금 몇 시를 살고 있는가?

내일의 나에게 해주고 싶은 말

( )

𝒬

굳이 시간을 내서
악플을 쓰는 사람을 어떻게 생각하는가?

내일의 나에게 해주고 싶은 말

(   )

영업을 한다면 내가
가장 잘 팔 수 있는 것은?

내일의 나에게 해주고 싶은 말

(   )

Q

내 하루에
추가하고 싶은 일과는?

내일의 나에게 해주고 싶은 말

(   )

오늘×기분

_____ 년 _____ 월 _____ 일

지금 당장 휴가를 낼 수 있다면
가장 하고 싶은 일은?

내일의 나에게 해주고 싶은 말

(   )

Q

내가 산 물건 중
가장 비싼 것은?

내일의 나에게 해주고 싶은 말

(   )

원하는 것을 이룬 자에게는
더 '근사한 희망'을 품을 '자격'이 있고,
원하는 것을 이루지 못한 자에게는
더 '단단한 희망'을 품을 '필요'가 있다.

희망은
모든 사람에게 주어지는
기적이다.

오늘×기분

_____ 년 _____ 월 _____ 일

Q

갑자기 집에 불이 난다면
1번으로 가지고 나올 물건은?

내일의 나에게 해주고 싶은 말

(   )

오늘×기분

_____년 _____월 _____일

. . . .

Q

상상이 현실로
이루어진 경험이 있는가?

내일의 나에게 해주고 싶은 말

( )

Q

별명이 있는가?

내일의 나에게 해주고 싶은 말

(   )

Q

나에게 새 이름을 지어준다면?

내일의 나에게 해주고 싶은 말

(   )

Q

재산과 직장을 처분하고
평생 여행만 다니며 살 수 있는가?

내일의 나에게 해주고 싶은 말

(   )

오늘×기분

_____ 년 _____ 월 _____ 일

그동안의 여행지 중
가장 좋았던 곳은?

내일의 나에게 해주고 싶은 말

( )

나는 사람의 ( )한 모습을 보면
사랑에 빠지는 편이다.

내일의 나에게 해주고 싶은 말

( )

평등과 공평에는
다음 두 가지 의미가 있을 수 있다.

하나는 현재 자기 수준에 맞게
경쟁자들의 뒷다리를 잡아끄는 것.

또 하나는 경쟁자들의 수준에 맞게
자신을 끌어올리는 것이다.

ℚ

나의 미래를 생각할 때
가장 두려운 것은?

내일의 나에게 해주고 싶은 말

(   )

오늘×기분

_____ 년 _____ 월 _____ 일

Q

제일 싫어하는
타인의 잔소리는?

내일의 나에게 해주고 싶은 말

( )

𝓡

최근 격려해주고 싶은
사람이 있는가?

내일의 나에게 해주고 싶은 말

(   )

Q

격려해주고 싶은 사람이 있다면
그에게 뭐라고 말해야 위로가 될까?

내일의 나에게 해주고 싶은 말

(   )

Q

세상에서 가장 시시하고
우스운 논쟁이 뭐라고 생각하는가?

내일의 나에게 해주고 싶은 말

(   )

Q

나는 내 몸을 사랑하는가?

내일의 나에게 해주고 싶은 말

(   )

Q

일과 사생활을
엄격히 구분하는 편인가?

내일의 나에게 해주고 싶은 말

( )

무조건 끝까지 쉬지 않고 가는 것만이
최선의 삶은 아니다.
쉬지 않는 것이 아니라,
쉬지 못하는 것일 수도 있기 때문이다.

멈출 이유를 찾지 못한 사람은
자신이 지금 어디에 있는지도 모른 채,
세상이 정해준 종착지만 찾아서
지치고 힘들어도 앞으로 계속 가야만 한다.

그대여, 부디 쉴 곳을 찾아라.
쉴 수 있어야 그 걸음이 빛난다.

Q

직업을 자유롭게 선택할 수 있다면
어떤 직업을 갖고 싶은가?

내일의 나에게 해주고 싶은 말

(   )

연봉은 높지만
나의 능력 밖의 일이 주어진다면?

내일의 나에게 해주고 싶은 말

( )

Q

어른, 선배, 직장 상사의 조언이
틀렸을 때는 어떻게 하는가?

내일의 나에게 해주고 싶은 말

(   )

Q

배우자를 떠올릴 때 그의
집안, 학벌, 재산은 나에게 얼마나 중요한가?

내일의 나에게 해주고 싶은 말

( )

오늘×기분

_____ 년 _____ 월 _____ 일

최근에 가장
신중하게 결정한 일은?

내일의 나에게 해주고 싶은 말

(   )

오늘×기분

_____년 _____월 _____일

Q

지금까지의 인생을 통틀어
가장 힘들었던 선택은?

내일의 나에게 해주고 싶은 말

(   )

𝕼

지금 내가 느끼는 행복은
내가 직접 선택하여 일어난 일인가?

내일의 나에게 해주고 싶은 말

(   )

자기 위로는 매우 중요한 삶의 수단이다.
그러나 경계해야 할 태도는
타인을 무시하며 자신을 위로할 때다.

> "그래도 내가 저 사람보다는 낫지."
> "저 정도는 아니니까 다행이지."

이런 식의 자기 위로는 오히려
자신에게 모욕감을 안길 뿐이다.

자신을 위로할 때는 철저히
자기 안에서 시작하고 끝내라.

> "어제보다 나아졌어."
> "나 이 정도면 충분히 잘하고 있지."

그래야 아프고 힘든 자신을 추스르고
다시 일어설 수 있다.

Q

지금 내가 느끼는 불행은
내가 직접 선택하여 일어난 일인가?

내일의 나에게 해주고 싶은 말

( )

오늘×기분

_____ 년 _____ 월 _____ 일

화장실에 휴지가 떨어지면
바로, 직접 채워두는 편인가?

내일의 나에게 해주고 싶은 말

( )

Q

조금 벅찬 일을 맡게 되었을 때
'나는 할 수 있다' VS '못하겠는데?'

내일의 나에게 해주고 싶은 말

( )

오늘×기분

_____ 년 _____ 월 _____ 일

Q

더운 날씨가 좋은가,
추운 날씨가 좋은가?

내일의 나에게 해주고 싶은 말

( )

오늘×기분

_____ 년 _____ 월 _____ 일

𝓠

오늘 나를 웃게 만든
세 가지는?

내일의 나에게 해주고 싶은 말

(   )

Q

지금 친해지고 싶은
사람이 있는가?

내일의 나에게 해주고 싶은 말

(   )

Q

나는 리드하는 편인가,
따르는 편인가?

내일의 나에게 해주고 싶은 말

(   )

"오늘은 중요한 일이 많아 바쁘니,
딱 하루만 오늘의 루틴을 거르자."

성장하는 사람들은
이런 보통의 생각을
특별하게 바꾼다.

"오늘은 중요한 일이 많아 바쁘니,
어제보다 더 루틴에 집중해서 살자."

우리는 할 수도 있고 하지 않을 수도 있다.
당신이 만약 무언가를 하지 않았다면,
단지 하지 않겠다는 생각을 선택한 것일 뿐이다.
하는 사람은 언제나 한다.

횡단보도 신호등이 10초 남았을 때
뛰어간다 VS 기다린다

내일의 나에게 해주고 싶은 말

( )

최근에 나는 누구에게
어떤 거짓말을 했는가?

내일의 나에게 해주고 싶은 말

( )

Q

술에 취할 때마다
생각나는 사람이 있는가?

내일의 나에게 해주고 싶은 말

( )

오늘×기분

_____ 년 _____ 월 _____ 일

내 인생에서
가장 열정적이었던 순간은?

내일의 나에게 해주고 싶은 말

( )

Q

요즘 내가
의지하는 사람은?

내일의 나에게 해주고 싶은 말

(   )

오늘×기분

_____ 년 _____ 월 _____ 일

요즘 나에게
의지하고 있는 사람은?

내일의 나에게 해주고 싶은 말

(   )

R

오늘 미처
끝내지 못한 일은 무엇인가?

내일의 나에게 해주고 싶은 말

( )

배우지 않는 사람은 뛰지 않는 심장이며,
쓰지 않는 지식은 차가운 불꽃과 같다.
살아 있다면 뭐든 배워야 하고,
배웠다면 반드시 일상에서 활용해야 한다.
가장 중요한 것은 배움과 활용에 대한 의지다.
꿈이 없는 자의 모든 시작이 허무하듯
의지가 없는 지성은 그 가치를 해치기 때문이다.

최근 누군가를
용서한 적이 있는가?

내일의 나에게 해주고 싶은 말

(   )

Ω

나에게 잘 맞는
연애 스타일은?

내일의 나에게 해주고 싶은 말

( )

앞으로 어떤
연애를 하고 싶은가?

내일의 나에게 해주고 싶은 말

( )

내가 무엇을 할 때
가장 예쁜가?

내일의 나에게 해주고 싶은 말

(   )

오늘×기분

_____ 년 _____ 월 _____ 일

Q

인생 최고로
지루했던 영화는?

내일의 나에게 해주고 싶은 말

(   )

Q

나는 어디에서
영감을 얻는가?

내일의 나에게 해주고 싶은 말

(   )

Q

오지 않을 사람을
하염없이 기다린 적이 있는가?

내일의 나에게 해주고 싶은 말

( )

당신과 함께 있을 때
스마트폰을 열어보지 않는
소중한 사람을 만나라.
그는 스마트폰을 여는 일보다
당신 마음 여는 일에
더 큰 가치를 두고 있는 사람이다.

오늘×기분

_____ 년 _____ 월 _____ 일

....

Q

앞으로 누구와
살고 싶은가?

내일의 나에게 해주고 싶은 말

( )

Q

오늘 나의 행복을
숫자로 표현하면?

내일의 나에게 해주고 싶은 말

(   )

오늘×기분

_____ 년 _____ 월 _____ 일

· ·

Q

사람과 가까워질 때
무엇이 가장 두려운가?

내일의 나에게 해주고 싶은 말

(   )

오늘×기분

_____ 년 _____ 월 _____ 일

누군가와 친해지고 싶을 때
먼저 다가간다 VS 기다린다

내일의 나에게 해주고 싶은 말

( )

오늘×기분

_____ 년 _____ 월 _____ 일

Q

춤을 좋아하는가?
좋아하면 언제 추는가?

내일의 나에게 해주고 싶은 말

( )

오늘×기분

_____ 년 _____ 월 _____ 일

Q

지금 생각나는 사람의 얼굴을
자세히 묘사해보자.

내일의 나에게 해주고 싶은 말

( )

오늘×기분

_____ 년 _____ 월 _____ 일

· ·

Q

인생 마지막 여행을 떠난다면
어디로 누구와 가고 싶은가?

내일의 나에게 해주고 싶은 말

( )

타인의 고통과 슬픔을 지켜보며
기꺼이 울 줄 아는 사람이 좋다.
그는 마음 약한 사람이 아니라
과거에 같은 일로 울었거나
앞으로 울 일이 남아 있는,
사랑의 마음으로
사는 사람이기 때문이다.

공부할 줄 아는 사람도
돈을 벌 줄 아는 사람도
관계를 유지할 줄 아는 사람도 다 좋지만,

한 사람의 슬픔 앞에서
울 줄 아는 사람이 가장 아름답다.
타인의 슬픔까지도
사랑할 줄 아는 사람이 좋다.

오늘×기분

_____ 년 _____ 월 _____ 일

Q

사랑을 받을 때 더 행복한가,
사랑을 줄 때 더 행복한가?

내일의 나에게 해주고 싶은 말

( )

310

Q

가장 마지막으로
죄책감을 느낀 적이 언제인가?

내일의 나에게 해주고 싶은 말

( )

Ꝗ

누군가를 배신한 적이 있는가?

내일의 나에게 해주고 싶은 말

( )

Q

나는 정의로운 사람인가?

내일의 나에게 해주고 싶은 말

( )

오늘×기분

_____년 _____월 _____일

· ·

Q

내가 좋아하는 목소리는?

내일의 나에게 해주고 싶은 말

(   )

최근에 알게 된
나의 새로운 모습은?

내일의 나에게 해주고 싶은 말

(   )

Q

지금 사랑하고 있는가?

내일의 나에게 해주고 싶은 말

( )

배우는 법

멈춰라.
바라보라.
더 침묵하라.

오늘×기분

_____ 년 _____ 월 _____ 일

$$Q$$

행복은 무엇인가?

내일의 나에게 해주고 싶은 말

(   )

Q

다시 태어나도
지금의 삶을 선택하겠는가?

내일의 나에게 해주고 싶은 말

( )

오늘×기분

_____ 년 _____ 월 _____ 일

··

ℛ

세상에서 내가 제일 불쌍한 존재로
여겨질 때는 언제인가?

내일의 나에게 해주고 싶은 말

(   )

R

누군가와 친해지고 싶을 때
내가 가장 궁금해하는 상대방의 정보는?

내일의 나에게 해주고 싶은 말

(   )

오늘×기분

_____년 _____월 _____일

R

오늘 해결한 문제가 있다면
한 가지만 적어보자.

내일의 나에게 해주고 싶은 말

(   )

오늘×기분

_____ 년 _____ 월 _____ 일

Q

하루 중 SNS에
몇 번이나 접속하는가?

내일의 나에게 해주고 싶은 말

( )

오늘 × 기분

_____년 _____월 _____일

....

SNS에 주로
어떤 글과 사진을 올리는가?

내일의 나에게 해주고 싶은 말

(   )

우리는 무언가를 해내기 위해
결국 '일 중독' 상태에 빠져야 한다.
그러나 자신이 스스로에게
명령한 일을 해내는 사람에게는
'몰두'라는 아름다운 표현을 사용할 수 있다.

당신의 일은 당신에게
'일 중독'을 주는가,
아니면 '몰두하는 시간'을 주는가?

Q

나는 10년 후에
어떤 모습일까?

내일의 나에게 해주고 싶은 말

(   )

Q

커뮤니케이션 방식에 대해
타인에게 지적받은 적이 있는가?

내일의 나에게 해주고 싶은 말

(   )

Q

나는 내 감정을
스스럼없이 드러내는 편인가?

내일의 나에게 해주고 싶은 말

(   )

Q

나는 나를 사랑하는가?

내일의 나에게 해주고 싶은 말

(   )

오늘×기분

_____ 년 _____ 월 _____ 일

Q

오늘 먹은 음식 중
기억에 남는 것은?

내일의 나에게 해주고 싶은 말

(   )

나만 아는
산책길이 있는가?

내일의 나에게 해주고 싶은 말

( )

주말에 나는 보통 집 밖에 나간다
VS 집 안에서 쉰다

내일의 나에게 해주고 싶은 말

(   )

실수를 고백하면
그 사람의 자산이 되지만,
실수를 들키면
그걸 알고 있는 사람에게
끝없이 이용을 당하고,
실수를 들키지 않으려고 애쓰면
모든 순간 타인을 의식하며
소중한 사람까지 의심하게 된다.

실수는 그 이후의 대처가 가장 중요하다.
숨기려고 하거나 들키면
최악의 상황을 맞이하게 된다.
그러므로 실수는 최대한 빠르게
가장 겸허한 자세로 고백하는 게 좋다.

오늘×기분

_____ 년 _____ 월 _____ 일

- -

Q

내가 타인에게 했던 말 중
아직도 마음에 걸리는 것은?

내일의 나에게 해주고 싶은 말

(   )

Q

타인에게 내 비밀을 들켰을 때
나의 반응은?

내일의 나에게 해주고 싶은 말

(   )

오늘×기분

_____년 _____월 _____일

· ·

Q

마지막으로 서점에서
책을 산 적이 언제인가?

내일의 나에게 해주고 싶은 말

( )

오늘×기분

_____ 년 _____ 월 _____ 일

....

마지막으로
편지를 쓴 적이 언제인가?

내일의 나에게 해주고 싶은 말

(   )

Q

지금 친해지고 싶은 사람과
가장 해보고 싶은 일은?

내일의 나에게 해주고 싶은 말

( )

반려동물을 키우고 있는가?
없다면, 언젠가는 키우고 싶은가?

내일의 나에게 해주고 싶은 말

( )

오늘×기분

_____ 년 _____ 월 _____ 일

Q

좋아하는 사람 앞에서의 나와
평소의 나는 많이 다른가?

내일의 나에게 해주고 싶은 말

(   )

결국 인간의 성장은 자신이 저지른 일에
책임을 지는 만큼 늘어난다.
책임지지 않고 방치한다면
자신의 일이 되지 않기 때문이다.
그래서 무의식에 모든 잘못을 돌리고
"이건 내 책임이 아니야"라고 외치는 일상은
성장에 전혀 도움이 되지 않는다.

되도록 스스로 책임질
멋진 일을 자주 만들어라.
모든 것은 자신의 의식 속에서
일어나는 일이라는 사실을 인정하자.
책임지는 삶은 거기에서 시작한다.

오늘×기분

_____ 년 _____ 월 _____ 일

....

℞

평소에 긴장을
많이 하는 편인가?

내일의 나에게 해주고 싶은 말

(   )

오늘 '제발 꿈이었으면 좋겠다'고
생각한 일이 있었는가?

내일의 나에게 해주고 싶은 말

( )

𝒬

'제발 현실이었으면 좋겠다'고
생각한 꿈이 있었는가?

내일의 나에게 해주고 싶은 말

(   )

삶은 꼭
의미 있어야 할까?

내일의 나에게 해주고 싶은 말

(   )

내 삶에서 가장 중요한 가치를
다섯 가지만 뽑아본다면?

내일의 나에게 해주고 싶은 말

(   )

오늘×기분

_____ 년 _____ 월 _____ 일

지금까지의 인생 중 나를 완전히
무너뜨린 이별은 무엇이었는가?

내일의 나에게 해주고 싶은 말

( )

Q

내가 직접
헤어지자고 말한 경험이 있는가?

내일의 나에게 해주고 싶은 말

(   )

거짓은 자신을 확장하며 주변을 속이려 든다.
뻔한 거짓말로 환상적인 사기를 치려고 한다.
언제나 많은 말은 거짓에 가깝다.
주장하는 말과 글 안에 사실과 진실이 있다면,
사실과 진실을 굳이 더 말할 필요가 없기 때문이다.

있다고 말한다는 것은
없다는 증거다.

내 인생에서
내가 통제할 수 있는 것은?

내일의 나에게 해주고 싶은 말

(   )

내 인생에서
내가 통제할 수 없는 것은?

내일의 나에게 해주고 싶은 말

( )

오늘×기분

_____년 _____월 _____일

Q

지금 하는 일이
내 적성과 잘 맞는가?

내일의 나에게 해주고 싶은 말

(   )

오늘×기분

_____년 _____월 _____일

나의 청춘은
아름다웠는가?

내일의 나에게 해주고 싶은 말

( )

Q

좋아하는 마음을
감춘 적이 있는가?

내일의 나에게 해주고 싶은 말

(   )

예술 작품을 볼 때 느낌으로 받아들이는가,
머리로 이해하려고 하는가?

내일의 나에게 해주고 싶은 말

( )

Q

로또에 당첨되면
가장 먼저 하고 싶은 일은?

내일의 나에게 해주고 싶은 말

( )

하이 텐션을 유지하는 법보다
하이 텐션을 자신에게 강요하지 않는 삶이
스스로를 위해 현명한 선택이라고 생각한다.

그 공간의 분위기를 위해
애써 텐션을 높이지 않아도,
자신의 감정을 속이며
하이 텐션을 유지하지 않아도,
그저 자신의 존재만으로도 가치가 충분한 삶,
그것이 자기만의 삶을 사는 '단독자'가 되기 위해,
우리가 갖춰야 할 풍모가 아닐까.

오늘×기분

_____ 년 _____ 월 _____ 일

Q

내가 봐도 좋은
나의 장점은?

내일의 나에게 해주고 싶은 말

(   )

내가 가장
듣고 싶어 하는 칭찬은?

내일의 나에게 해주고 싶은 말

(   )

Q

타인에게서
가장 듣고 싶지 않은 말은?

내일의 나에게 해주고 싶은 말

(   )

Q

내가 나의 부모라면
나를 어떻게 여길까?

내일의 나에게 해주고 싶은 말

(   )

ℚ

잠이 많은 편인가?

내일의 나에게 해주고 싶은 말

(   )

매일 질문 일기를 쓴다는 것은
나에게 어떤 의식인가?

내일의 나에게 해주고 싶은 말

( )

오늘×기분

_____ 년 _____ 월 _____ 일

. . . .

Q

나는 스마트폰 없이
살 수 있는가?

내일의 나에게 해주고 싶은 말

( )

담배는 아주 천천히 사람을 죽이지만,
생각의 신은 그렇게 마음이 넓지 않아서
'나' 없이 살아가는 사람의 삶을
단숨에 흔들어 사라지게 만들기도 한다.

삶이 원하는 대로 흘러가지 않는다고 느낀다면
더욱 절실하게 그리고 시시때때로
세 가지 질문을 던져라.

"이 방법은 내 생각에서 나온 건가?"
"이 길은 내 생각이 원하는 방향인가?"
"나는 내 생각을 추구하며 살아가고 있나?"

생각에 질문을 더하면,
세상 그 어떤 지적 무기보다 강력해진다.

Q

나에게 완벽한 휴식이란
혼자 쉬기 VS 사람늘과 어울리기

내일의 나에게 해주고 싶은 말

(   )

타인과 갈등이 생기면
바로 해결한다 VS 시간을 두고 기다린다

내일의 나에게 해주고 싶은 말

( )

오늘×기분

_____ 년 _____ 월 _____ 일

. . . .

Q

건강을 위해 특별히 지키는
생활 패턴이 있는가?

내일의 나에게 해주고 싶은 말

(   )

타임머신으로 내일에 다녀올 수 있다면
무엇을 미리 준비해놓고 싶은가?

내일의 나에게 해주고 싶은 말

(   )

오늘×기분

_____년 _____월 _____일

주로 언제
긴장을 하는 편인가?

내일의 나에게 해주고 싶은 말

(   )

올해 나에게 영향을 준
'BEST 인물' 1, 2, 3위를 꼽는다면?

내일의 나에게 해주고 싶은 말

(   )

_Q_

올해 내가 한 일 중
지금 생각해도 가장 잘한 일은?

내일의 나에게 해주고 싶은 말

(   )

Q

올해를 문장 한 줄로 표현한다면?

내일의 나에게 해주고 싶은 말

(   )

인생을 만만하게 생각하는 사람을 보며
"와, 자신감이 넘치고 당당하다"고 말할 수도 있다.
하지만 오히려 반대의 경우가 더 많다.

인생의 변화와 성장은 용기에서 나오는데,
인생을 만만하게 여기는 사람은
오히려 용기가 없기 때문이다.

사람의 성장을 돕는 용기는
지독한 불안 속에서만 피는 아름다운 꽃이다.
불안해서 용기를 내는 거지,
만만한 상황에서는 그럴 이유를 찾지 못해
안주하며 삶의 의미를 잃어갈 가능성이 높다.

무언가를 생각할 때 두려운 이유는
그것을 해내기 위해 용기가 필요하기 때문이다.

어제보다 나아지고 싶다면
스스로 불안 속에 자신을 가둬라.
그리고 용기라는 날개를 펼쳐
당신이 원하는 곳으로 날아가라.

나의 생각은 현실이 된다.
지금 하늘에서 별이 떨어졌다면
그것 역시 내가 원했기 때문이다.
나는 늘 내가 원하는 대로
가장 근사한 내가 되고 있다.

나는 내 생각처럼
잘 살아가고 있다.

하 루 한 줄
365 Q&A DIARY
질 문 일 기

초판 1쇄 발행 2022년 11월 16일 **초판 4쇄 발행** 2024년 1월 22일

지은이 김종원
펴낸이 이승현

출판1 본부장 한수미
라이프 팀
편집 김소정
디자인 함지현

펴낸곳 ㈜위즈덤하우스 **출판등록** 2000년 5월 23일 제13-1071호
주소 서울특별시 마포구 양화로 19 합정오피스빌딩 17층
전화 02) 2179-5600 **홈페이지** www.wisdomhouse.co.kr

ⓒ 김종원, 2022

ISBN 979-11-6344-161-8 13190